SAHARA, SOUDAN, TCHAD, CONGO

CONFÉRENCE DE M. FOUREAU

D'APRÈS LA STÉNOGRAPHIE DE M. RAYNAUD, STÉNOGRAPHE RÉVISEUR DE LA CHAMBRE DES DÉPUTÉS.

(Extrait du Bulletin de la Réunion d'Études Algériennes.)

PARIS

12, GALERIE D'ORLÉANS, 12

(PALAIS-ROYAL)

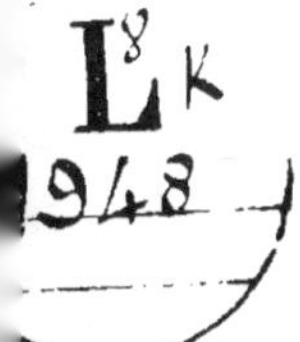

RÉUNION D'ÉTUDES ALGÉRIENNES

SAHARA, SOUDAN, TCHAD, CONGO

——

CONFÉRENCE DE M. FOUREAU

D'APRÈS LA STÉNOGRAPHIE DE M. RAYNAUD, STÉNOGRAPHE REVISEUR
DE LA CHAMBRE DES DÉPUTÉS.

———

(Extrait du Bulletin de la Réunion d'Études Algériennes.)

———

PARIS

12, GALERIE D'ORLÉANS, 12

(PALAIS-ROYAL)

Cliché des Questions Diplomatiques et Coloniales.

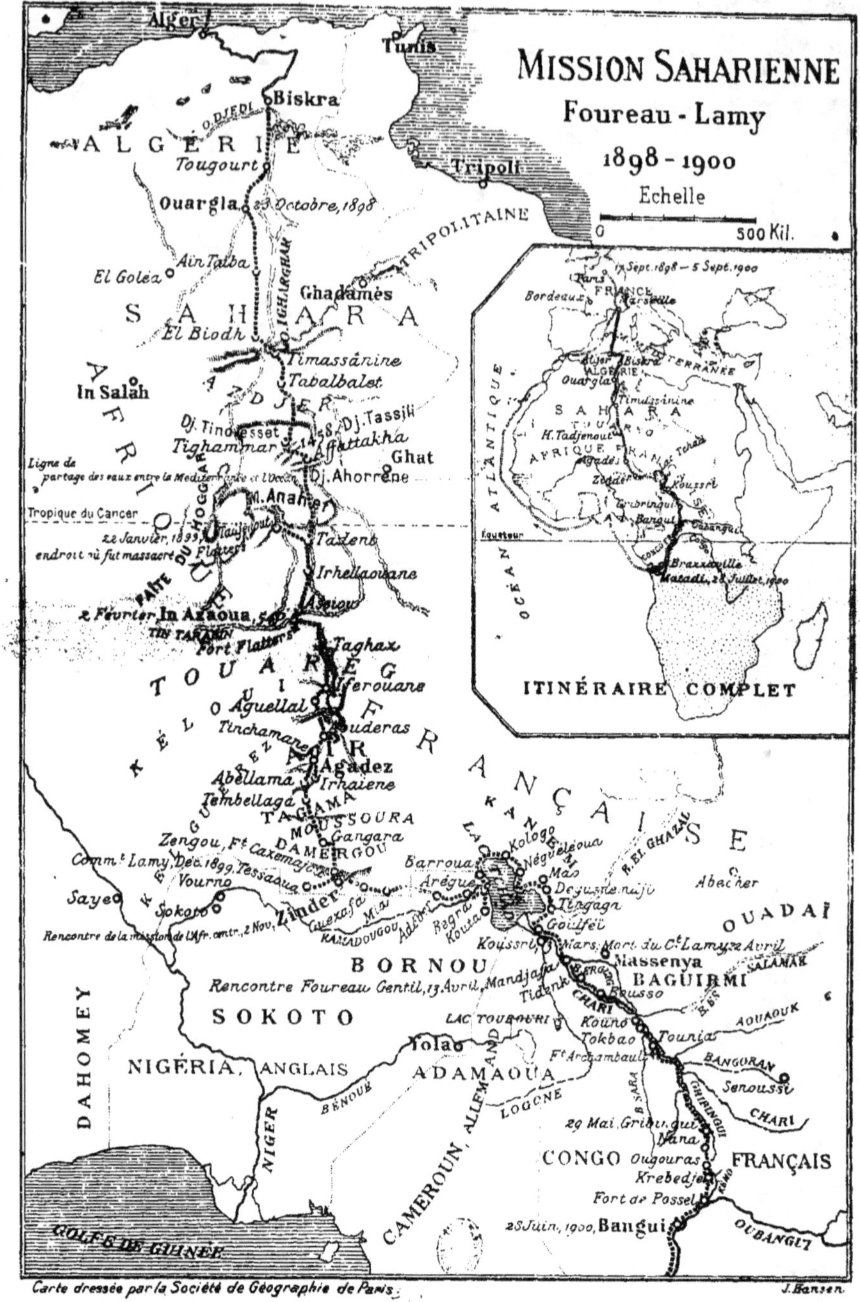
MISSION SAHARIENNE
Foureau - Lamy
1898 - 1900
Echelle
0   500 Kil.
ITINÉRAIRE COMPLET
Alger
Tunis
Biskra
Tripoli
ALGÉRIE
Tougourt
Ouargla, 23 Octobre, 1898
O. DJEDI
TRIPOLITAINE
El Goléa
Ain Taïba
SAHARA
Ghadamès
El Biodh
O. IGHARGHAR
Timassánine
Tabalbalet
In Salah
AFRI
DJER
Dj. Tinoresset
Dj. Tassili
Tighammar
Hattakha
Ghat
Ligne de
partage des eaux entre la Méditerranée et l'Océan
Dj. Ahorrène
Tropique du Cancer
M. Anahef
22 Janvier, 1899,
endroit où fut massacré Flatters
FAITE DU HOGGAR
Taitoq
Tadent
Irhellaouane
Asiou
2 Février, In Azaoua,
TIN TARABIN
Fort Flatters
Taghax
TOUAREG
Iferouane
UI
KÉL O Aguellal
Ouderas
Tinchaman
EZ
Agadez
Abellama
Irhaiene
Tembellaga
TAGAMA
TA GAMA
MOUSSOURA
DAMERGOU
Gangara
Zengou, Ft Caxemajo
Comm.t Lamy, Déc. 1899, Tessaoua
Vourno
Zinder
Saye
Sokoto
Guexafa
Mia
KAMADOUGOU
Adfou
Baga
Kouta
Rencontre de la mission de l'Afr. centr. 2 Nov.
Kologo
Negueleoua
Mao
Barroua
Arègue
Degueneniji
Tingaga
Goulfeï
R. EL GHAZAL
Abacher
OUADAI
KANEM
FRANÇAISE
BORNOU
Kouissri
5 Mars, Mort du Ct Lamy, 22 Avril
Massenya
BAGUIRMI
SALAMAK
Rencontre Foureau Gentil, 13 Avril, Mandjafa
Bousso
SOKOTO
Tidenko
CHARI
AOUAOUK
DAHOMEY
Tolao
LAC TOUBOURI
Kouno
Tounia
NIGÉRIA, ANGLAIS
ADAMAOUA
Tokbao
Ft Archambault
BANGORAN
Senoussi
NIGER
BÉNOUÉ
LOGONE
CHARI
B. SARA
29 Mai, Gribingui,
Nana
CONGO
Ougouras
FRANÇAIS
Krebedjé
Fort de Possel
CAMEROUN, ALLEMAND
GOLFE DE GUINÉE
28 Juin, 1900, Bangui
OUBANGUI
CHIRINGUI
Paris
17 Sept. 1898 — 5 Sept. 1900
Bordeaux
FRANCE
Marseille
MÉDITERRANÉE
Alger
Biskra
ALGÉRIE
Ouargla
Timassinine
SAHARA
TOUAREG
H. Tadjenout
AFRIQUE FRANCse Tchad
Agadès
Zinder
Koussri
OCÉAN ATLANTIQUE
Gribingui
Bangui
Oubangui
Congo
Equateur
Brazzaville
Matadi, 28 Juillet 1900

Carte dressée par la Société de Géographie de Paris.
J. Hansen.

CONFÉRENCE DE M. FOUREAU

*D'après la sténographie de M. Raynaud, sténographe réviseur
de la Chambre des Députés.*

MONSIEUR LE PRÉSIDENT, MESDAMES, MESSIEURS,

Laissez-moi tout d'abord vous adresser quelques mots de remerciement pour les paroles si aimables que M. le Président vient de prononcer. Je ne mérite pas ces éloges ou du moins je ne les mérite que pour une très faible part. Poussé depuis vingt ans par l'idée de réussir une entreprise qui me paraissait difficile mais non impossible, j'ai continué à diriger mes efforts vers le même but. C'est à cela seulement que peuvent s'adresser vos compliments ; la persévérance a obtenu ce que ne pouvait pas la force. (*Très bien ! très bien !*)

Je ne puis oublier, en cette circonstance, mes collaborateurs militaires : des hommes de la valeur du commandant Lamy, et je me joins à vous aujourd'hui pour regretter bien douloureusement sa perte ; des hommes comme les officiers de l'escorte, ont permis à la mission saharienne d'accomplir l'œuvre dont le Gouvernement de la République l'avait chargé. Je vous remercie donc, non pas seulement en mon nom, mais en celui de tous les camarades, militaires et civils, qui m'ont accompagné. (*Applaudissements.*)

Je vous demande toute votre indulgence car je n'ai pas l'habitude d'improviser.

Je rappelle d'un mot que, depuis une vingtaine d'années, j'étais pénétré de l'idée que la France devait promener le pavillon tricolore à travers le Sahara, montrer aux Touareg que la mort de Flatters ne pouvait être un arrêt dans notre marche vers le Sud ; et que nous devions porter nos efforts, et étendre notre influence des bords de la Méditerranée jusqu'au Soudan.

L'organisation de la mission n'était possible qu'à la condition de réunir des sommes considérables. La plus grande partie de ces sommes, vous le savez, provientdes libéralités d'un ingénieur en chef des ponts et chaussées, M. Renoust des Orgeries, qui avait fait un legs à la Société de Géographie, à charge par elle de l'utiliser dans une entreprise de tous points semblable à celle que nous nous proposions, Lamy et moi, de tenter.

C'est grâce à cette première subvention et à celles qui sont venues ensuite se grouper autour d'elle que nous avons pu constituer la mission avec quelque chance de succès.

Avant de partir, il fallait non seulement agir à Paris, auprès du Ministère de la Guerre pour obtenir une escorte militaire, mais il fallait obtenir l'appui du Gouverneur Général de l'Algérie pour concentrer en un point déterminé tous les éléments nécessaires à la marche de la mission : les chevaux, les chameaux, les objets de première nécessité, tels que les outres, les approvisionnements de toutes sortes devaient nous être remis au point de concentration définitif.

Par les soins de M. Laferrière, alors Gouverneur de l'Algérie, cette concentration s'opéra dans les meilleures conditions possibles. Non seulement le gouverneur s'est occupé de la concentration sur un point avec l'aide des officiers des bureaux arabes du Sud, mais il a fourni des subventions à la mission. Nous lui devons une très grande reconnaissance pour la bienveillance qu'il a mis à faciliter notre départ et notre marche. (*Vifs applaudissements.*)

Nous le remercions aussi pour nous avoir assuré le contact avec l'arrière, au moyen des goums commandés par le capitaine Pein et des convois qu'il nous faisait parvenir. Pendant six longs mois, cet officier s'est dévoué ainsi que le lieutenant de Thézillat à ce ravitaillement. C'est grâce à eux que nous avons pu avoir des nouvelles de France jusqu'au puits éloigné d'In-Azaoua.

Le 23 Octobre 1898. — Nous partîmes de Sedrata, puits voisin d'Ouargla, mais situé un peu au Sud : nous avions choisi Sedrata comme point de concentration, parce qu'il est infiniment plus sain que Ouargla.

Nous étions dans les meilleures conditions d'équipement. Si tous nos chameaux n'étaient pas d'une qualité remarquable, nous pouvions cependant espérer que la moitié d'entre eux arriveraient jusqu'aux confins du Soudan.

Nous avons eu à lutter contre des éléments très divers et tout d'abord contre les difficultés du terrain.

On s'imagine généralement que le Sahara est une mer de sable. C'est vrai pour certaines parties du désert; et encore, cette mer présente des vagues énormes. Mais dans la majeure partie de notre traversée nous avons eu à lutter contre de la roche, des montagnes, des défilés qui, lorsqu'on se les représente d'après la carte, paraissent peu de chose, mais qui, lorsqu'on est obligé de les gravir ou de les franchir deviennent des obstacles considérables.

En quittant Ouargla, nous n'avions pas besoin de guides; je connaissais le pays par mes voyages antérieurs et je pus, aussi bien que les chambba auxiliaires, servir de guide à la mission jusqu'à Aïn-El-Hadjadj, un des puits qu'avait atteint Flatters.

A partir de ce point, nous avons abandonné l'itinéraire de Flatters et les miens et nous avons piqué droit dans l'inconnu à travers le massif montagneux du Tassili qui prend, dans sa partie centrale, le nom de Tindesset.

Nous avons dû, sur les renseignements des indigènes, passer par des routes que l'on qualifierait tout autrement en France et sur lesquelles on hésiterait à se risquer, si on les voyait. Nous y avons passé à chameau et à cheval, nous avons traversé le massif en réussissant à ne perdre que quelques animaux. (*Applaudissements.*)

Ce passage fut aussi très difficile pour nos hommes qui étaient constamment obligés de décharger et de charger les bêtes de somme.

Au delà, il était nécessaire de trouver des guides qui pussent nous conduire jusqu'aux premiers villages de l'Aïr, réunion d'oasis du Sahara méridional, où nous comptions séjourner.

Ces guides furent découverts par les Chambàas que j'avais amenés d'Ouargla. Quelques-uns de ces hommes, très dévoués, m'ont suivi pendant tout le cours du voyage, un petit nombre était revenu à Ouargla : les autres sont venus jusqu'au Congo et je les ai ramenés moi-même à Marseille, d'où ils ont été rapatriés. Leurs services furent excellents pendant toute la durée de la mission et je n'ai eu qu'à m'en louer. Ils nous ont bien souvent été de la plus grande utilité : ils ne s'inquiétaient ni de manger ni de boire, quand ils recevaient l'ordre de partir en reconnaissance et de trouver de l'eau ou des pistes à droite ou à gauche. Nuit et jour nous pouvions compter sur eux : ils étaient toujours à notre disposition. C'étaient des hommes précieux, prêts à exécuter tout ce qu'on leur commandait.

Le service intérieur, le service de garde, la garde du pâturage des animaux, tout cela était dirigé par le commandant Lamy lui-même. Les tirailleurs algériens, auxquels on avait adjoint des tirailleurs sahariens et des spahis montés à méhari, on fait preuve de la plus grande endurance : leurs officiers eux-mêmes ont souvent marché à pied ; leurs chevaux, ainsi que ceux des spahis étaient chargés de caisses de vivres et de cartouches, ils étaient obligés de faire à pied des étapes dépassant parfois 45 et 50 kilomètres sous un soleil torride. Je n'exagère rien en disant que l'endurance de tous a été au-dessus de tout éloge et que c'est grâce à la fermeté de ces braves gens que la mission Saharienne a pu traverser les régions les plus inhospitalières. (*Applaudissements.*)

En quittant la région du Tindesset nous avons suivi pendant quelque temps la limite sud du plateau du Tassili, formée par une barrière ou haute muraille de grès, présentant les aspects les plus variés, profils de tours, de cathédrale, d'obélisques, Ces falaises ne récélaient dans leurs flancs aucune source ; le sol était extrêmement aride, on ne rencontrait de loin en loin que quelques touffes d'herbe à chameau. Depuis Ouargla, nos animaux ne trouvaient guère à manger qu'un jour sur cinq. Ces mauvaises conditions de nourriture faisaient fondre très rapidement le troupeau, alors que nous avions supposé qu'au moins pendant un mois ou deux, nous n'aurions aucune perte à subir. Mais à ce moment nous avions suffisamment encore d'animaux pour porter notre convoi et notre inquiétude n'était pas grande.

La traversée du plateau achevée, nous étions engagés dans la région de l'Anahef, qui est une zone très tourmentée. Les massifs montagneux n'y sont pas d'une altitude très élevée ; ce sont plutôt des collines abruptes presque uniquement formées de granit et de quartz. Cette traversée fut très dure pour tous ; nous ne trouvâmes aucune nourriture.

Elle nous conduisit à Tadent où pour la première fois nous trouvâmes une végétation suffisante pour nous permettre de séjourner quelques jours. Ce qui nous permit de donner un peu de repos au convoi.

A Tadent, nous avions résolu, Lamy et moi, d'aller jusqu'au puits où fut tué Flatters.

Les jours précédents, nous avions interrogé les guides ; mais ceux qui nous accompagnaient depuis Afara se bornaient à nous dire qu'ils connaissaient l'existence du puits, mais qu'ils en ignoraient l'emplacement exact, qu'en tous cas, la route était extrêmement difficile à suivre. Au fond, ces indigènes ne tenaient pas du tout à ce que nous visitions le puits.

Les Chambàas que nous avions emmenés d'Ouargla, nous firent enfin trouver un guide de l'oasis de Djanet, qui acceptait de nous conduire au puits où Flatters avait péri. Nous avons alors organisé un convoi léger composé de 30 Chambâa exclusivement choisis parmi les meilleurs de la mission et nous sommes partis, Lamy, Dorian, Leroy et moi, sans bagages, sans vivres, n'emportant que quelques outres pleines d'eau. Ce raid nous conduisit au puits de Tadjenout. Car le nom de Garama, sous lequel est connu en France le puits où est mort Flatters, est un nom arabe. Or le puits est en plein pays touareg, il n'y a donc aucune raison pour qu'il porte un nom arabe.

Cette excursion nous a pris cinq jours, elle a été très rapide et très pénible, à travers un pays désolé, sans végétation aucune, sans eau, si bien qu'une fois parvenus au puits de Tadjenout, où nous n'avons pas trouvé une goutte d'eau, nous avons dû le lendemain, faire une journée de marche, de six heures du matin à onze heures du soir, pour aller boire au puits de Temassint situé à près de 100 kilomètres de là.

Le puits de Tadjenout est dominé de toutes parts par des falaises élevées et à pic. C'est un lieu sinistre, bien fait pour y tendre un guet-apens. Nous n'y avons trouvé aucun vestige de ce qui fut la mission Flatters, nous n'avons ramassé que quelques fragments, un morceau de talon de chaussure, plus loin un humérus qui paraît être celui du malheureux capitaine Masson, tué dans un petit vallon à une certaine distance du puits. Voilà tout ce que nous a livré le désert sur le massacre accompli en 1881 par les Touareg Hoggar.

On nous a reprochés, à Lamy et à moi, qui étions les deux seuls chefs de la mission, de nous être éloignés en même temps avec notre faible escorte de 30 Chambâa, pour relever le puits de Tadjenout. Je dois dire que je n'éprouvais pas la moindre crainte par une raison bien simple, c'est que la mission était campée à Tadent et que la présence d'un aussi grand nombre de baïonnettes avait produit une forte et salutaire impression sur l'esprit des Touareg. J'ajoute que si nous n'avons pas été attaqués, ce n'est pas parce que les Touareg avaient de bonnes dispositions à notre égard ; — jamais ils ne seront animés de bons sentiments pour personne. — Seulement, ils redoutaient les tirailleurs qui nous accompagnaient et, au surplus, nous avons pensé avec raison que, s'il nous arrivait quelque chose, les officiers qui restaient pour commander l'escorte sauraient bien nous venger, et ramener la mission. (*Applaudissements.*)

De plus, le chef suprême des Touareg Hoggar, Aï-Tagheul, — auquel j'avais fait porter une lettre par le mokkadem des Tidjani Abd-En-Nebi qui voyageait avec nous, — m'avait fait répondre : « Nous sommes en paix avec toi : si tu ne nous attaques pas le premier, il ne te sera rien fait. »

Comptant sur cette parole, nous n'avons pas cru qu'il y eût une imprudence énorme à faire une excursion qui nous était imposée par notre cœur et de donner un souvenir à nos compatriotes qui avaient trouvé une fin si malheureuse. (*Nouveaux applaudissements.*)

La suite nous a donné raison, puisque nous sommes revenus sains et saufs, rapportant les renseignements que je viens d'indiquer. (*Vifs applaudissements.*)

A Tadent, nos peines étaient loin d'être terminées : nous avions à accomplir la traversée d'une région déserte, sans végétation et sans eau. Il fallait emporter l'eau qui était nécessaire, non seulement à nous-mêmes, mais aux chevaux, ainsi que la nourriture indispensable aux chameaux pendant six jours et même un peu de bois pour la cuisson des aliments.

Il fallut donc imposer de lourdes charges aux animaux. C'est dans ces conditions que nous nous sommes avancés jusqu'à In-Azaoua. Nos chameaux s'éparpillaient dans la plaine déserte et nous étions relativement heureux quand les pertes journalières n'excédaient pas 15 ou 20 animaux. Nous étions obligés de répartir la charge de ceux qui périssaient entre les autres, ce qui augmentait encore leur lourd fardeau.

In-Azaoua est un puits très voisin de celui d'Assiou qui était autrefois célèbre et où s'arrêtaient toutes les caravanes. Il n'y a plus maintenant une goutte d'eau. A Assiou où se trouvent quatre ou cinq puits dans une vaste cuvette formée par l'oued Tafassasset; ils nous fournissent à peine 20 litres d'eau.

Après avoir campé à In-Azaoua, où l'eau est assez abondante, nous envoyâmes les chameaux à 30 kilomètres de là pour les faire pâturer. Pendant ce temps, le dernier convoi venu d'Algérie nous apportait les dernières lettres de France. Il nous arriva sous la conduite du lieutenant de Thézillat, qui commandait 30 cavaliers réguliers des sphahis sahariens et un groupe de Chambâa. Les bêtes du lieutenant étaient en trop mauvais état pour retourner en arrière; le commandant Lamy ne voulut pas le laisser repartir et il fut entendu que de Thézillat avec ses hommes nous accompagnerait au Soudan.

Au moment où nous allions quitter In-Azaoua, il était visible que nous ne pouvions pas emporter tous nos bagages, à cause de la trop grande mortalité de nos chameaux et des nouvelles charges que nous amenait le dernier convoi. Il fut alors décidé que nous laisserions à In-Azaoua une partie des bagages et une partie des hommes et que nous reviendrions les chercher plus tard. Nous construisîmes donc une petite redoute en pierre, à laquelle nous donnâmes le nom de fort Flatters et le lieutenant Rondeney avec cinquante hommes resta à la garde des bagages.

La route d'In-Azaoua à l'Aïr, si elle est moins difficile à parcourir que la précédente, au point de vue du manque absolu de végétation, est excessivement ennuyeuse par suite des nombreuses collines, formées de bloc de granit et de gneiss, qu'il faut traverser, les blocs du sentier ne laissant parfois entre eux que juste le passage d'un homme ou d'un cheval. Il n'y avait pas d'autre route; nous étions bien obligés de suivre celle-là. Nous ne trouvions un peu de végétation que dans le lit des rivières que nous traversions de temps en temps. Il n'y a qu'un puits sur le chemin, celui de Taghazi, il est assez abondant; mais il faut accomplir un véritable tour de force pour l'atten dre et nous avons dû mettre plusieurs jours pour y faire boire notre troupeau de chameaux. Il fallait parfois escalader des blocs de rocher dont quelques-uns avaient un volume de deux ou trois mètres cubes. Ce beau chemin se prolonge sur un peu plus d'un kilomètre.

Le puits est une réserve d'eau dans le cours de l'oued. Audessus, on trouve de très curieuses inscriptions touareg, accompagnées de dessins, le tout remontant à une époque antérieure à la nôtre.

Comme je viens de le dire, sur la route qui mène d'In-Azaoua à l'Aïr, il n'y a vraiment qu'un puits, celui de Taghazi, au delà on trouve bien quelques puits, mais peu abondants, situés en dehors de la route et d'un accès difficile; nous les avons négli-

gés. La quantité d'eau prise à Taghazi suffisant pour alimenter
le convoi.

C'est dans ces conditions que nous marchons jusqu'à Iferouane, premier village de l'Aïr, cette région après laquelle je
soupirais depuis vingt ans.

Pour moi, je n'éprouvai à ce moment aucune désillusion.
Mais pour la plupart des officiers et pour la masse des hommes,
le désappointement était évident. Au lieu de trouver une ville
saharienne, comme chacun s'y attendait, nous ne voyions qu'une
agglomération de paillottes, très bien faites, mais peu importantes, dont l'aspect n'indiquait ni luxe, ni richesse pour leurs
propriétaires. Pour presque tous, Iferouane, c'était le paradis
rêvé. Au milieu des privations de toutes sortes, ce village ap-
paraissait dans un lointain mirage. Moi, je n'y croyais pas;
étant donné ce qu'avaient écrit Barth et Erwin de Bary sur la
végétation de cette contrée. Il avaient appris à l'Europe que les
plantes qui croissent dans l'Aïr sont exclusivement sahariennes,
je ne pouvais donc supposer que l'expression « Suisse du Sahara » dont on s'était quelquefois servi pour désigner l'Aïr,
pût être une seule minute véritable.

C'était cependant un soulagement pour nous d'y arriver,
parce que nous voyons enfin des paillottes, des hommes, des
femmes, des enfants autour de nous. C'était un spectacle tout
nouveau pour nos yeux qui, depuis Ouargla et les confins du
Sahara algérien avaient dit adieu à tout être humain autre que
les hommes de la mission.

Il s'agissait de trouver des vivres et des chameaux, les nôtres
nous ayant fait défection. Les palabres commencèrent avec les
gens d'Iferouane. Il y avait là deux notables, l'un, El-Hadj-
Mahamed, le chef même du village, un noir qui a plutôt l'aspect
d'un bon bourgeois des Batignolles (*on rit*) et son beau-père,
El-Hadj-Yata, homme très âgé, qui a peut-être quatre-vingt-
dix ans, — il est difficile d'évaluer l'âge d'un noir, — qui a
gardé un souvenir très net du passage de Barth, et un souvenir
plus net encore du passage de De Bary, lequel a habité chez lui
pendant des mois; il a même conservé de lui des pages d'écri-
ture et des fragments de volumes.

Nous avions le droit de compter sur ces deux hommes pour
nous procurer ce dont nous avions besoin et c'est avec eux
qu'ont commencé les palabres. Ils devaient nous fournir des chameaux et ces animaux ne venaient pas. On nous amena un chef
des Touareg Kéloui, nomades de la région, un très bel homme,
très bien habillé, très bien armé, très décoratif, qui nous pro-
mit tous les chameaux que nous voudrions. Ce chef, appelé
Tegoumane, était à peu près aussi blanc que nous. Il nous
demanda un simple délai de quinze jours pour nous amener
tous les animaux disponibles. Inutile de dire que ni Tegoumane,
ni El-Hadj-Yata n'ont rien amené. Ce dernier fut le plus sincère

de tous; il possédait quinze chameaux; il nous les loua à deux reprises différentes, ce qui est très remarquable pour un Touareg. (*Rires.*)

Le délai fixé par le palabre était écoulé et nous ne nous attendions plus à rien, lorsqu'un beau soir, El-Hadj-Mohamed nous dit : vous serez attaqués cette nuit.

On prend les dispositions de combat, ce n'était pas difficile, dans les conditions où Lamy avait installé le camp; il était entouré d'une enceinte, formée par des abattis d'arbres épineux, qui constituait un obstacle infranchissable, et défendu par les fusils que nous possédions.

Les Touareg avaient projeté de nous attaquer, mais nous étions avertis et sur nos gardes. La nuit s'était passée tranquille, lorsque, au petit jour, — il faisait déjà clair, et les corvées allaient sortir du camp, — nous voyons arriver une grosse bande de Touareg, au son des tam-tam, chantant *La ilia illallah* et poussant des hurlements.

A soixante mètres, le commandant Lamy fait ouvrir le feu sur la bande, qui se disperse immédiatement, sans attendre davantage, et nous laisse quelques chameaux les uns morts, d'autres vivants.

C'était la première attaque des Touareg Kéloui; elle ne fut pas bien dangereuse pour nous, d'autant plus qu'elle s'était produite dans des conditions stupides pour les assaillants.

A la suite de cette attaque, le commandant Lamy, voyant que nous ne pouvions trouver ni chameaux, ni moyens de transport se décide à retourner lui-même à In-Azaoua, pour ramener l'échelon laissé en arrière.

Ce voyage fut très pénible pour lui et les hommes : il faisait très chaud et il y avait très peu d'eau. Les animaux l'abandonnaient en route et parfois il était obligé de laisser les bagages. En arrivant à In-Azaoua, il fut forcé de faire une hécatombe et de brûler une partie de la pacotille que nous apportions au Soudan.

Sur la route, au puits de Taghazi les animaux ne pouvant plus porter leur charge, on fut dans la nécessité de faire ce qu'on appelle dans le Sahara une *cache*, de placer sous des cailloux ou de grosses pierres un certain nombre de charges, qui ont été, depuis, ramenées par le lieutenant de Thézillat au campement d'Iferouane, quelques jours après le retour de Lamy.

Malgré tous nos efforts, nous n'avions donc que les quelques chameaux tombés entre nos mains à la suite de l'attaque des Touareg et ceux que nous avions pu louer à El-Hadj-Yata. Nous nous efforçâmes alors de gagner un village situé à 50 kilomètres plus loin et nommé Aguellal. Le premier échelon s'y rendit en deux jours, le second resta à Iferouane. L'escorte opère autour de ce point quelques reconnaissances dans les environs; le village était complétement évacué. Cela s'explique de reste car c'etait surtout les habitants d'Aguellal et leur chef qui avaient organisé l'attaque du 12 mars ; en nous voyant arriver, ils s'étaient réfugiés dans la montagne ou dans la brousse de crainte de représailles de notre part.

Nos diverses reconnaissances avaient recueilli dans la plaine un certain nombre de bœufs, de chameaux et de chèvres appartenant aux gens du village et à la fraction des Touareg I'zazkazen, qui nous avaient attaqué précédemment. C'étaient de bonnes prises de guerre qui venaient augmenter notre troupeau.

Une de ces reconnaissances fut attaquée à Guettara par un parti de 700 à 800 Touareg, ils nous tuèrent un homme et en blessèrent quelques autres. De leur côté, ils perdirent un grand nombre d'hommes et d'animaux. De même qu'à l'attaque du 12 mars, dès le premier ou le second feu de salve, tous les Touareg s'évanouirent ; mais l'escorte continua le feu à la distance de 800 et même de 1,200 mètres.

Le camp d'Aguellal fut laissé à la garde de 50 hommes et le reste de l'escorte retourna à Iferouane. On constata à ce moment qu'il était impossible de rien emporter et on brûla tout ce qui restait de pacotille, d'étoffes, de perles, destinée aux régions du lac Tchad. Nous ne gardâmes que ce qui était strictement indispensable ; les vêtements de rechange des officiers et des tirailleurs notamment furent entièrement brûlés, les tentes, les lits. Il ne restait rien, absolument rien.

La nourriture était très précaire ; nous mangions du mil quand nous en avions ; on distribuait parfois seulement 125 grammes par homme et par jour, et pas tous les jours. Le mil est une nourriture tout à fait indigeste ; mais il fallait bien se contenter de ce que nous avions. Quelquefois, nous trouvions quelques oignons que nous ajoutions à notre ordinaire. Ces jours-là, c'était la grasse abondance pour le mess des officiers. (*Rires.*)

Comme la provision de mil elle-même s'épuisait, nous décidâmes de partir pour Aouderas, où l'on disait que se trouvaient des nomades, des chameaux, des chèvres et des vivres.

La route est montagneuse, mauvaise ; elle nous prit beaucoup de temps. En arrivant nous ne trouvons rien à manger ; mais nous recevons du chef et des notables environnants des lettres pleines de protestation d'amitié et nous promettant que « lorsque les chameaux arriveront du Damergou », nous aurons tout à notre disposition. Il y avait six mois qu'on nous disait qu'il fallait attendre que les caravanes revinssent du Damergou. De temps en temps, nous recevions un sac de mil ou de sorgho.

Or, ce sorgho ou ce mil venaient évidemment du Damergou ce qui indiquait bien que les caravanes étaient revenues de ce pays. Mais l'intérêt des gens du pays était de faire le vide autour de nous et de nous empêcher d'entrer en contact avec les caravanes.

Nous avions écrit au sultan d'Agadès à plusieurs reprises ; il nous avait assuré de ses bonnes dispositions et déclaré que si nous venions avec des intentions pacifiques, nous serions les bienvenus. Nous lui répondîmes : nous voulons passer en paix, mais nous demandons à acheter de la nourriture.

Le sultan nous fit alors savoir qu'il n'en avait pas et qu'il était dangereux de venir à Agadès parce que des bandes de voleurs et de pillards se trouvaient aux environs et que nous courrions de graves périls si nous avancions. Le sultan ne tenait pas à nous voir venir à Agadès, parce que la faible puissance dont il dispose aurait été diminuée par la présence de nos fusils et de la force dont nous étions entourés.

Il n'y avait pas d'autre solution à adopter que d'aller précisément près de lui pour peser sur sa personne et essayer ainsi d'obtenir pour la mission les moyens de continuer sa route et sa tâche.

Toutefois, le sultan s'était décidé à envoyer à Aouderas une caravane chargée de mil. Cela nous permit d'y faire un séjour d'un mois. Nous dûmes attendre aussi longtemps en cet endroit parce que nous recevions des lettres des chefs nomades et que nous espérions que quelques-uns d'entre eux tout au moins se décideraient à venir rendre visite à la mission et que nous pourrions ainsi leur acheter ou leur louer des chameaux. Car c'est toujours en payant que nous demandions des moyens de transport. Mais aucun n'est venu. Ces gens-là ne voulaient pas nous laisser pénétrer dans leur pays et, à supposer même que nous leur eussions offert beaucoup d'argent pour avoir des chameaux, ils ne nous en auraient jamais cédés.

Le convoi de mil envoyé par le sultan d'Agadès ne pouvait durer éternellement ; aussi malgré les craintes pour notre sécurité qu'il avait exprimées, nous prîmes le parti d'aller à Agadès même, pour agir plus directement sur lui, comme je viens de le dire.

En chemin, nous ne rencontrâmes pas âme qui vive. On n'apercevait au loin que quelques bergers qui se trouvaient dans les pâturages et qui nous regardaient passer. Il ne se produisit donc aucune attaque contre la mission.

C'est le 28 juillet 1899 que la mission saharienne arriva à Agadès. Le Sultan nous envoya le Serki-en-Touraoua, celui de ses vizirs qui est chargé des relations avec les blancs ; — il faut entendre par ce mot les Arabes, les gens de provenance tripolitaine ou touatienne, auxquels nous étions assimilés par notre couleur.

Le sultan nous envoya aussi son frère ; il vint lui-même nous voir et se confondit en protestations de dévouement ; mais il nous dit que nous ne trouverions jamais de chameaux, que les nomades Kéloui et Kélguéres allaient venir en grand nombre ; ils devaient toujours arriver et jamais on ne les apercevait.

Cependant, au bout de quelque temps, le sultan se décida à nous faire envoyer 7 chameaux et 35 ânes. C'était un cadeau, car il refusa d'être payé. Nous lui avons fait, naturellement, un cadeau de valeur supérieure, en pacotille et en étoffes ; mais ce que nous lui avons donné pouvait passer pour le paiement du droit de passage que soldent toutes les caravanes. L'envoi d'animaux qu'il nous faisait pouvait donc être considéré comme un véritable cadeau de sa part.

Nous avions perdu beaucoup de temps à attendre des nomades qui n'arrivaient jamais. Nous prîmes donc le parti de marcher en avant avec l'assurance qui nous était donnée de trouver de l'eau tous les jours, mais malheureusement sans convoi d'eau, par suite de pénurie d'animaux.

Mais arrivés à la première étape, pas d'eau. Les hommes trouvent juste de quoi faire le café, un quart pour chacun ; les chevaux, les ânes, les bœufs et les moutons du convoi ne peuvent pas boire. Partis à 2 heures 1 2 du matin nous étions arrivés à l'étape dans l'après-midi : à minuit, nous nous remettions en route : il fallait trouver de l'eau.

Quand on n'a avec soi que des indigènes, et en petit nombre, on peut marcher sans inconvénient ; il n'y a pas d'eau, on ne boit pas ; mais quand on a derrière soi 300 hommes, on n'a pas le droit de les exposer à mourir de soif. (*Applaudissements*).

Jusqu'au lendemain midi, nous n'avions pas encore trouvé une goutte d'eau. La tête de colonne ayant stoppé, les Chambâas dont j'ai déjà parlé et qui ont fait preuve du plus grand dévouement, sont partis en reconnaissance vers des collines de grès qu'on voyait à une petite distance et où les guides prétendaient que nous trouverions de l'eau.

Vers quatre heures, nous entendîmes quelques coups de fusil ; c'était le signal convenu. Les Chambâas avaient trouvé ce qu'on appelle une guelta, c'est-à-dire une mare formée d'eau de pluie restée dans les rochers. Tout le monde se dirigea vers cette guelta, mais ce n'est que vers neuf ou dix heures du soir que les derniers hommes de la colonne purent s'abreuver : les premiers avaient pu boire vers cinq heures.

Le guide était très indécis. Il nous déclara qu'autrefois le puits était plein d'eau. Or, il n'y en avait plus. Tout cela nous semblait bien étrange. Après avoir bu dans cette mare, nos Chambâas trouvèrent une nouvelle guelta plus importante. Nous résolûmes de nous arrêter vingt-quatre heures pour laisser reposer hommes et animaux qui venaient de faire deux étapes très fatigantes. En effet, tout le monde avait dû marcher à pied, les chevaux des officiers servaient au transport ; mais les hommes avaient surtout souffert, parce qu'ils étaient eux-mêmes lourdement chargés et qu'ils marchaient pieds nus.

Nous partîmes de là le surlendemain dans la nuit en nous dirigeant, — c'était du moins la ligne de marche, — vers le sud-ouest. Mais au bout de quelques heures, je m'aperçois que le guide se dirige vers le sud-est puis qu'il remonte vers le nord. Lamy s'aperçoit en même temps que nous rebroussions chemin. Il était évident que le guide avait l'intention de nous perdre ou de nous éparpiller dans le désert pour nous exposer à la soif et, par suite, à une attaque très facile sur une longue ligne. Ce qui nous confirma dans cette idée, c'est qu'en visitant les bagages de ce guide, qui nous avait été tout à fait recommandé par le sultan d'Agadès, nous ne trouvâmes que du sable, au lieu des vivres qu'il aurait dû emporter pour sept ou huit jours.

Ce guide nous trahissait donc : le lendemain, il était fusillé. Nous avions fait demi-tour, pour revenir sur Irhaïène. Nous ne pouvions pas exposer tant de monde à périr de soif dans un pays que nous ne connaissions pas.

À Irhaïène, nous fûmes obligés d'employer comme guide, un des pillards qui rôdaient autour du camp, qui venaient, après le départ, ramasser ce que nous abandonnions et qui avaient été faits prisonniers par des reconnaissances. Ce guide n'avait pas de mauvaises intentions, je crois ; mais il s'égarait la nuit, peut-être était-il atteint d'héméralopie, et ne voyait-il pas la nuit : il avançait au hasard, se perdait, s'arrêtait. Il était impossible, sans s'exposer à de graves dangers, de continuer à marcher dans de telles conditions et nous revînmes à Agadès.

Là, nouvelles protestations du sultan, qui nous déclare encore : Je vous donnerai des chameaux, si les nomades arrivent ; mais rien ne vient.

Nous sommes alors obligés d'avoir recours aux grands moyens et nous nous emparons des deux puits où les gens d'Agadès venaient chercher de l'eau. Il y a bien un plus grand nombre de puits dans Agadès, même, mais ils ne contiennent que de l'eau saumâtre ; les deux seuls puits donnant de bonne eau sont ceux que nous occupâmes, à un ou deux kilomètres de la ville. En même temps, nous avertissions le sultan que nous ne prenions cette mesure que par suite de sa mauvaise volonté à nous procurer des animaux.

L'effet de cette mesure fut immédiat. Nous obtînmes assez vite une centaine de chameaux, que nous promîmes de renvoyer dès que nous serions arrivés à Zinder.

Nous pûmes ainsi quitter Agadès le 17 octobre 1899. Nous avions comme guide un des vizirs du sultan, nommé Mili-Menzou. Cet homme nous a rendu les plus grands services non seulement chez les Kéloui, mais à Zinder, où il était très connu, et dans la tournée faite par le commandant Lamy sur Tessaoua. Il a accompagné M. Charles Dorian dans une partie de son fameux raid entre Zinder et Say. Je suis persuadé que l'officier supérieur qui commande actuellement le territoire de Zinder, le lieutenant-colonel Peroz, pourra retirer de Mili-

Menzou les plus grands services au point de vue des intérêts de la France.

En quittant Agadès, ville à moitié ruinée, on traverse une région aride, désolée, qu'on nomme Azaouakh, où il n'y a pas trace de végétation. Le Tagama, vers lequel nous nous dirigions, est partout recouvert d'une brousse plus ou moins dense, pas très élevée. Les arbustes épineux qui la composent n'ont guère que cinq à six mètres de haut. La végétation est toute différente de celle qu'on trouve dans le Sahara.

Le Tagama est inhabité, mais il abonde en gibier. Le chasseur qui séjournerait près des puits du Tagama — il y en a trois — ferait des chasses merveilleuses : girafes, antilopes, pintades, phacochères, même des lions, sans compter bien d'autres animaux.

Puis vient le Damergou, autrefois probablement région de hallier comme le Tagama, mais que l'on a défrichée et qui est aujourd'hui labourée et cultivée en mil et en sorgho, à la mode nègre.

Le Damergou comprend plusieurs villages importants dont quelques-uns ont 2.000 ou 3.000 habitants. Nous avons rencontré dans ces villages des Tripolitains envoyés par des chefs touareg. En général, les Touareg ne savent pas écrire ; ils ont des secrétaires qui sont des arabes de la Tripolitaine ou du Touat, et qu'ils chargent de leur correspondance. Ils les envoyaient en avant, auprès des blancs, supposant qu'ils seraient mieux reçus qu'eux-mêmes. Mais ces gens faisaient de la politique plutôt pour eux que pour nous. C'est à leur bande qu'appartenaient les Tripolitains de Zinder qui, deux ans plutôt, avaient assassiné le malheureux capitaine Cazemajou et son interprète Olive.

Le 2 novembre, après avoir traversé le Damergou, nous arrivons à Zinder. Nous trouvons là des nouvelles de France, qui nous avaient été apportées par le regretté colonel Klobb. C'étaient des dépêches officielles du ministère de l'instruction publique et du ministère des colonies. C'était aussi une lettre du lieutenant Pallier m'informant de ce qui s'était passé entre la mission Voulet-Chanoine et le colonel Klobb et des événements qui avaient suivi.

Nous trouvons à Zinder un détachement d'une centaine de tirailleurs, commandés par le sergent Bouthel ; le lieutenant Pallier était reparti pour le Sénégal avec les troupes les moins sûres. Quant aux lieutenants Joalland et Meynier, ils étaient partis depuis une trentaine de jours pour le Tchad, continuant, de leur côté, l'exécution du programme tracé avant notre départ. Lamy leur envoie des lettres sur plusieurs directions. une seule les a atteints.

De Zinder également nous avons expédié trois courriers sur

la France : l'un par Say, qui n'est jamais arrivé. Le second a été expédié au sultan de Kano, d'où ce sultan devait l'expédier au chef du poste anglais le plus rapproché, pour le faire tenir en Europe. Il est arrivé en France en temps normal. Quant au troisième que j'avais remis à Malem Yaro, grand négociant touareg, qui a des agents à Tripoli, il est arrivé en France depuis mon retour. (*On rit.*) Mais enfin il est arrivé.

Zinder est une grande et belle ville, si tant est qu'on puisse appeler ville une agglomération soudanaise ; elle renferme un grand nombre de paillottes et un plus grand nombre de maisons édifiées de la façon que vous connaissez. maisons construites en terre, à la mode algérienne des oasis du Sud : quant aux paillottes, tout le monde les connaît : ce sont des cylindres de paille couronnés d'un cône : le tout sur une charpente de perches.

Ce qui séduit dans la ville, c'est qu'au milieu de toutes ces constructions, placées d'une façon très irrégulière, s'élèvent des arbres de toute espèce, les uns grands, les autres plus petits, ce qui lui donne un air extrêmement riant.

Un village, banlieue de Zinder, s'appelle Zengou. Il comporte une population assez importante, composée uniquement de Touareg et de quelques esclaves nègres. Il y a à Zinder un certain nombre de Tripolitains entre les mains desquels est concentré tout le commerce.

Pendant notre séjour à Zinder, le commandant Lamy, comme je l'ai dit, est allé faire une tournée vers Tessaoua, pour ramener à l'obéissance quelques chefs qui se refusaient à reconnaître notre autorité. Cette tournée dura trente-trois jours ; elle permit de pacifier les villages et la région et de changer un certain nombre de petits sultans, avec l'agrément des populations elles-mêmes : elle nous procura en plus des moyens de transport ; car on fit environ 300 chevaux de prise, tribut remis par les villages révoltés. C'était suffisant pour monter tout le monde. Ces chevaux n'étaient pas une merveille, mais enfin ils ont atteint le lac Tchad et beaucoup ont pu aller jusqu'au Chari.

Le commandant Lamy avait également recueilli et ramené les ossements du colonel Klobb. Nous avons procédé à la cérémonie officielle de l'inhumation de ces ossements en même temps que de ceux du capitaine Casemajou et de l'interprète Olive, dont on avait conservé les restes à Zinder.

Parmi les dépêches que j'avais reçues à Zinder s'en trouvait une du Ministre de l'Instruction Publique me donnant liberté de manœuvres pour la suite de la mission. Je dois dire que j'avais reçu tout à fait au début de la route, dans le Sahara, un télégramme me donnant l'ordre, aussitôt que la jonction du Sahara et du Soudan serait effectuée, de rentrer par l'Ouest à travers le Soudan français. Comme tel n'était point le programme primitif et que j'ignorais les raisons qui avaient obligé le ministre à le modifier, je lui avais télégraphié aussitôt pour lui dire :

« N'ayez aucune crainte au point de vue des complications « diplomatiques, comptez sur ma sagesse, mais donnez-moi la « liberté de suivre le programme convenu au départ. »

C'était la réponse à ce dernier télégramme que je trouvais à Zinder : il me donnait liberté de manœuvres, nous n'avions qu'à continuer notre route en nous conformant à notre premier programme, pour atteindre le Tchad et gagner le Congo.

Le 26 décembre 1899, Lamy partait avec la moitié de l'escorte en premier échelon : moi-même je quittais Zinder le 29 avec l'autre moitié de l'escorte : nous restions constamment en communication et l'échelon d'arrière était ainsi prévenu des ressources en eau et en vivres des villages situés sur la route. Nous nous rejoignîmes le 9 janvier 1900 aux villages d'Adeber.

La région que nous venions de parcourir jusqu'à ces villages est mi-hallier et mi-plaine et couverte de graminées, qui ne sont pas encore brûlées à cette époque de l'année, et qui s'élèvent jusqu'à 2 mètres et 2 mètres 50 de hauteur. Elles rendent la marche assez difficile. Parfois on rencontre des bois aux arbres d'un feuillage gracieux qui donnent un peu à la contrée l'aspect d'un jardin anglais où les pelouses seraient jaunies et le gazon très élevé.

Dans tous les villages nous sommes bien accueillis par les habitants qui fabriquent une sorte de sel avec les eaux de leurs lacs salés et qui le vendent ou l'échangent au loin. Ce sel contient beaucoup de magnésie et de potasse, ce qui le rend plus amer que salé.

Nous franchissons ensuite une région sans eau et assez étendue et nous atteignons les bords de la rivière Komadougou-Yobé laquelle, en saison sèche, ne contient qu'une très petite quantité d'eau courante. Sur ses rives on récolte du coton, du blé, de l'orge, en faible quantité, mais suffisamment pour nourrir les habitants. Ils n'en vendent pas et nous n'avons trouvé à en acheter que des quantités de blé ridicules.

Au village de Begra, nous avons trouvé le fils de l'ancien cheikh du Bornou, venu de Zinder pour nous rejoindre. Il se nomme Ahmar Scindda, et au milieu d'un grand concours de population et de petits chefs du pays, il reçoit ici l'investiture devant nous.

Ce brave cheikh et son frère, accompagnés d'auxiliaires armés de lances, nous ont suivis jusqu'à Kousri. Au moment où j'ai quitté l'escorte de la mission, ils étaient encore avec elle, et ils ont dû rejoindre le Bornou central après la campagne de Dikoa.

Le pays est parcouru, dans sa partie nord, par des Ouled-Sliman, une fraction d'Arabes, originaires de la grande Syrte, très indépendants, très guerriers, qui se sont avancés dans le Sud et établis entre les oasis de Bilma et le Kanem. Ils ont de grands troupeaux : ils sont les intermédiaires du commerce entre le Soudan et la Tripolitaine ; ce sont eux qui transportent les marchandises et qui les vendent.

Il en est de même des Tebbous, qui sont des Touareg, bien qu'ils ne parlent pas la même langue. Ils ont le même costume, les mêmes caractères de race et la même allure. Ils habitent sur la route directe de Bilma au Tchad.

Ces gens — Oulad-Sliman et Tebbous — s'étaient présentés à nous pensant que nous allions marcher contre Rabah et ils nous demandaient de faire partie de la colonne contre ce chef. Nous leur avons répondu que le moment n'était pas encore venu et que, lorsqu'il serait question d'entamer la lutte nous les avertirions.

Nous nous sommes alors dirigés sur Kouka que nous voulions visiter, bien que la ville soit située en territoire anglais. Monteil avait vu là une très grande ville ; nous n'avons plus trouvé hélas qu'une vaste nécropole encombrée de ruines. Comme tous les pays parcourus par Rabah et par ses bandes, Kouka a été complètement détruite et brûlée. Les gens du pays estiment à 150.000 ou 200.000 le nombre des individus qui ont péri, au sud et à l'ouest du lac Tchad, depuis l'invasion de Rabah en 1892.

C'est le 21 janvier 1900 que, près du village d'Arégué, j'ai vu pour la première fois le lac Tchad. C'était sur la côte ouest. Nous avions devant nous une ceinture de roseaux assez peu élevés. Des trouées dans ces roseaux nous permirent de voir le miroir limpide du Tchad, qu'il ne nous était plus dès lors possible de prendre pour un mirage : le vent soufflait fortement et nous apercevions d'assez belles lames ; ce qui impliquait une profondeur d'eau raisonnable. Depuis, Gentil m'a dit que dans la partie sud il avait trouvé des fonds de 18 à 20 mètres aux hautes eaux. Dans la partie nord, à l'abreuvoir de Yara, j'ai trouvé 2 mètres de profondeur tout près du bord, ce qui laisse supposer qu'à dix mètres plus loin il doit y avoir beaucoup d'eau.

Toute la côte ouest, nord-ouest et même nord pullule de gros gibier, éléphants, girafes, hippopotames, rhinocéros. C'est le véritable rêve du chasseur.

A partir d'Arégué, à notre retour de Kouka, nous touchions presque le Tchad, sauf lorsque les roseaux nous obligeaient à nous écarter un peu des rives. Le lac est borné par une lisière de brousse qui indique très nettement le point où s'arrêtent les hautes eaux. Nous étions alors au moment des basses eaux. La partie momentanément à sec n'a guère plus d'un kilomètre, souvent moins, très rarement davantage.

Nous avons atteint Woudi, après avoir traversé le point dit Barroua, où s'arrête la limite conventionnelle qui sépare les possessions françaises des possessions anglaises dans la région du Tchad. Il n'y a là aucun village. Il y avait trois ou quatre paillottes du temps de Monteil elles ont disparu.

Le village de Neguigmi compte 250 paillottes ; il n'y a aucun habitant ; le pays est complètement désert aujourd'hui : les Oulad-Sliman et les Tebhous y font des razzias constantes, si bien que les habitants se sont dissimulés et éparpillés dans les roseaux du lac où ils ont fondé de petits villages.

Nous avons perdu de vue le Tchad à partir de Kologo, village situé à la pointe nord-est du lac. Nous étions perdus à ce moment au milieu d'une quantité incommensurable de lagunes qui s'étendent dans tous les sens, formant un réseau inextricable qui exigerait pour être exactement relevé un travail considérable. Nous devions contourner le lac et les lagunes ce qui nous obligeait à faire de très grands crochets. C'est dans ces conditions que nous avons atteint le village de Néguéléoua, point où nous avons vu le Tchad pour la dernière fois. A hauteur de ce village existent de grandes lagunes. Ce village lui-même est sur une lagune qui se rattache au Tchad. Tout le côté oriental du lac est couvert d'îles habitées par des gens très entreprenants, très voleurs, très pillards, les Boudouma.

A partir de Néguéléoua, nous cotoyons le lac Tchad de très loin, mais nous avons devant nous de très nombreux lacs à natron dont l'eau est à peu près imbuvable. Nous étions cependant parfois obligés de nous en contenter.

Trois jours de marche nous conduisent à Déguénemdji, petit village qui fait partie du Kanem et situé au sud-ouest de ce pays.

Le Kanem comprend dix ou quinze oasis dont les plus importantes sont celles de Negouri et de Mâo.

A Deguénemdji nous trouvâmes le lieutenant Joalland qui, ayant reçu une de nos lettres, venait au devant de nous avec une trentaine de cavaliers. Le reste de sa mission était à ce moment campée sur le Chari.

Cinq jours d'une marche pénible dans une terre, sèche actuellement, mais inondée au moment des hautes eaux, par conséquent sur un sol rempli de profondes crevasses, nous conduisirent en face de Goulfeï, sur la rive droite du Chari, où nous trouvons campée la mission venue du Soudan sous les ordres du lieutenant Joalland et du lieutenant Meynier.

Le Chari en cet endroit a 600 ou 700 mètres de large. De l'autre côté dans Goulfeï se trouvait une fraction de troupes de Rabah, qui passaient leur temps à tirer des coups de fusil sur notre campement. De notre côté, de bons tireurs postés dans les arbres ou cachés dans la brousse étaient chargés de riposter. Mais cette fusillade ne menait à rien. La prise même de Goufféï n'aurait pas donné de grands résultats au dire du commandant Lamy, parce que ce n'était pas une place importante. Aussi prîmes-nous le parti de lever le camp avec la mission « Afrique Centrale » et de remonter le Chari pour occuper Koussri, centre le meilleur à posséder pensait Lamy.

Nous avons donc remonté le Chari jusqu'à la petite ville de Mara et traversé le fleuve dans des conditions assez agréables pour les hommes, mais pas pour les chameaux qui n'aiment pas les passages à gué et encore moins ceux où il est nécessaire de nager.

Le 3 mars, le commandant Lamy avec la majeure partie de l'effectif de la mission allait prendre possession de Koussri. L'assaut dura peu de temps et la ville était brillamment enlevée. Les troupes de Rabah perdaient leurs étendards, leurs principaux cheiks, un grand nombre d'hommes et des approvisionnements de mil qui assuraient, au moins pour un temps, notre nourriture. C'était une abondance relative pour une troupe qui comprenait plus de 500 bouches, depuis la jonction de notre mission avec celle de l'Afrique Centrale.

Rabah avait des troupes très bien organisées, du moins celles qui étaient armées de fusils. Quant aux autres, c'étaient des noirs armés de sagaies et de lances ; il avaient pour mission de ramasser sur le champ de bataille les fusils des morts. A cela se bornait leur effort. On ne peut pas, en effet, compter beaucoup sur des nègres armés de lances ; ils sont beaucoup plus gênants qu'utiles. C'est pour cela que Lamy faisait rester en arrière du champ de bataille les auxiliaires du sultan de Bornou qui nous suivaient.

A peine étions-nous à Koussri, que les Choua, qui habitent toute la partie du Bornou située au sud du lac Tchad, sont venus se grouper autour de nous et, comme le disait M. le Président tout à l'heure, pendant notre première quinzaine de séjour, nous avons vu arriver 10.000 ou 12,000 choua, au minimun, qui venaient camper sous les murs de la ville, cherchant aide et protection sous les plis du drapeau français. (*Vifs applaudissements.*) Pouvions-nous souhaiter quelque chose de mieux que de voir ces malheureux, confiants en notre appui, se grouper autour de nos trois couleurs dans l'espoir que notre arrivée leur assurerait enfin la paix ! (*Nouveaux applaudissements.*)

A Koussri, nous attendîmes des nouvelles de Gentil duquel, à partir de ce moment, dépendaient les escortes des missions. Nos instructions portaient, en effet, que mon escorte serait mise à la disposition du commandant du territoire du Chari, M. Gentil, aussitôt notre arrivée sur son territoire de commandement. Mon rôle à moi était fini ; il ne me restait plus qu'à rentrer en France et je n'attendais pour cela qu'une occasion favorable.

Lamy ne voulait pas tout d'abord me laisser partir estimant qu'en présence des mouvements des bandes de Rabah il pouvait y avoir quelque dangers pour moi, à n'avancer seul avec une faible escorte sur le Chari. Je ne le pensais pas, mais j'attendis cependant des nouvelles plus sûres de Gentil. Ces nouvelles nous furent apportées par des lettres du capitaine de Lamothe qui se trouvait à Masséré, tout près de Massénya, l'ancienne capitale du Baghirmi. Le commandant Lamy lui avait envoyé le lieutenant de Chambrun avec une soixantaine de chameaux pour aider au transport de la mission. Dix jours après, nous reçûmes une lettre de M. de Lamothe et de M. de Chambrun, nous disant que Gentil et son convoi descendaient le Chari et qu'ils se trouvaient à peu près à la hauteur de Bousso. Il devait donc arriver à une dizaine de jours de Koussri, au moment où nous recevions cette lettre.

Le convoi de Gentil était très lourd et très chargé ; des pirogues de renfort lui étaient nécessaires pour descendre le Chari. Lamy fit immédiatement réunir toutes les pirogues qu'on put trouver. Il y en avait une trentaine, dont un peu plus de la moitié seulement purent être expédiées.

Le 2 avril, à onze heures du soir, je partis avec ces pirogues et une escorte de trente hommes à la rencontre de Gentil. Ce n'est que le 11 avril dans un village qui était florissant autrefois et qui a été brûlé, Maudjafa que j'ai rencontré Gentil ; il était parvenu à son campement à onze heures du soir. C'est avec la plus douce satisfaction que nous nous sommes jetés dans les bras l'un de l'autre, étant partis tous les deux de points si opposés et nous rejoignant au cœur de l'Afrique centrale pour la plus grande gloire de la France. (*Vifs applaudissements.*)

Après êtres restés deux jours l'un près de l'autre, Gentil est reparti pour rejoindre à Koussri les troupes de la mission. Quant à moi j'ai continué à remonter le Chari pour rentrer en France.

A partir de Mandjafa, la marche ne présente plus grand intérêt. Nous avons remonté très lentement le Chari, puis le Gribingui avec des payageurs nègres qui, pendant quelques instants, faisaient preuve de beaucoup de bonne volonté, parce qu'ils avaient sans doute besoin d'un peu de mouvement et de lutte de vitesse, mais qui, le reste du jour, ne pagayaient plus qu'en dormant, ou à peu près. Quand on ne marche plus qu'à raison de 2 kilomètres et demi à l'heure, il n'y a plus qu'à dormir. (*Rires.*)

Cependant, quand nous eûmes atteint le Gribingui, la route devint plus pittoresque. Ce cours d'eau est bien moins large que le Chari, ses berges sont plus boisées, plus rapprochées ; il est coupé de rapides qu'il n'est pas toujours agréable de franchir. Nous étions obligés de nous mettre à l'eau et les pagayeurs montraient toujours un certain malaise et une grande nonchalanche quand il s'agissait de faire un effort. Nous devions les aider, les pousser, mes Chambâas et moi, et nous tremper dans la rivière comme les autres.

Soixante jours de cette marche lente nous conduisirent enfin au poste de Gribingui. Nous retrouvions là des français, un chef de poste français. Ce n'était pas encore la France, mais ce n'était plus le désert ni la brousse.

Tous ces messieurs nous firent l'accueil le plus bienveillant et le plus cordial, et nous fournirent avec empressement les moyens de transport dont ils pouvaient disposer.

À partir de ce point, pour les bagages le moyen de transport unique ce sont les porteurs; pour les hommes malades, c'était le tipoye (hamac); pour les hommes valides, c'étaient des bœufs. C'est celui que j'ai employé jusqu'au point où j'ai atteint l'Oubangui. De là, des pirogues nous conduisirent à Bangui, d'où il ne restait plus qu'à prendre les vapeurs pour Brazzaville.

À Bangui, — puisque nous sommes dans une Société algérienne. — il m'est agréable de vous dire que j'ai trouvé un Algérien, M. Mercuri, qui a fait de grandes choses dans la région du sultan Snoussi et qui a donné à ce sujet en Algérie des conférences très applaudies. J'espère qu'il fera sur sa mission un travail qui intéressera tous les Français parce qu'il a vécu longtemps dans ce pays, qu'il en parle la langue et qu'il a reçu un excellent accueil des habitants. Inutile de dire que c'est le plus aimable des hommes et que j'ai terminé très agréablement mon voyage en sa compagnie et en celle de M. Bonnel de Mézières, qui avait voyagé dans la même région et s'était avancé jusqu'au Bahr-el-Ghazal. C'est avec eux que j'ai atteint Brazzaville.

Nous avions dit en partant au Ministre de l'Instruction publique au ministre des colonies et à la Société de Géographie que notre volonté était de traverser l'Afrique pour relier l'Algérie au Soudan français au Tchad et au Congo. Avec la meilleure volonté du monde, nous ne pouvions pas au moment de notre départ, être certains de la réussite complète, intégrale, du programme que nous nous étions nous-mêmes fixé. Cependant j'étais parti, personnellement, plein de confiance. Je m'étais préparé à ce voyage par de longues promenades dans le Sahara depuis une vingtaine d'années et j'avais acquis la certitude que si je n'avais pas pu m'avancer plus au Sud, c'est que je ne pouvais pas montrer des forces suffisantes aux Touareg pour leur inspirer une crainte salutaire. Ils s'étaient dit : Foureau vient en paix chez nous, il prend des guides qu'il paie bien; il nous fait des cadeaux : pourquoi le tuer? Empêchons-le de continuer et laissons-le revenir avec l'espoir de passer la fois suivante. Mais leur idée bien arrêtée était de me créer d'invincibles obstacles et je n'aurais jamais pu, je le crains, traverser le Sahara dans les conditions ordinaires de mes voyages précédents.

Nous avons eu la bonne fortune de trouver des fonds qui ont permis de constituer une forte escorte ; nous avons trouvé en outre une grande bienveillance auprès des divers ministères dont le concours nous était nécessaire. Le Ministre de la Guerre, entr'autres, a bien voulu nous prêter des hommes en activité de service que je m'étais toujours vu refuser jusque-là.

C'est grâce à une escorte aussi bien constituée ; grâce à l'endurance remarquable de tous ces hommes, que j'ai vus à l'œuvre et la nuit et le jour : grâce à l'endurance et à l'énergie de leurs officiers, qui ont souffert des mêmes peines, éprouvé les mêmes ennuis, mangé la même nourriture, le plus souvent mauvaise ou insuffisante : grâce à la bonne harmonie qui n'a cessé de régner entre tous au cours de cette longue et périlleuse mission ; c'est grâce à tous ces éléments réunis que nous avons pu remplir exactement notre programme, tenir complètement notre parole et réaliser ainsi le but de mes efforts depuis vingt ans et le rêve de mes jeunes années. (*Applaudissements répétés et prolongés*).